ANNUAIRE TÉLÉTRAVAIL TRAVAILLE À DISTANCE POUR LES TRADUCTEURS INDÉPENDANTS

43 SITES INTERNET INDISPENSABLES ET FIABLES

Tous droit réserver

ISBN : 978-2-37795-033-1

ALI DIAK

ISSACAR ÉDITION

LICENCE

MENTION LÉGALE

L'objet de cet écrit est de procurer, des informations et de faire montrer des sites internet pour rechercher des tâches de travail à distance. Ce ne sont pas les opinions personnelles de l'auteur. Durant l'écriture de cet ouvrage certaines point ont été émise prises pour garder, les informations pertinentes et à jour. Il est possible que des sites internet soient indisponibles.

L'auteur et l'éditeur sont irresponsables de l'emploi du contenu de ce livre, des malentendus ... Et des erreurs pouvant résultant de la lecture de ces informations. Pour toute information dans les domaines de votre activité, consultez des experts dans les domaines concernés.

DÉDICACE

Je dédicace cet annuaire aux traducteurs.

J'apprécie :

* *votre capacité de traduction vers les langues*

* *votre domaine d'expertise des systèmes culturels liés aux langues*

* *votre discrétion, rigueur et ponctualité*

* *votre traduction juste, fluide et fidèle*

Cet annuaire vous sera utile dans la progression de votre carrière.

CONTACT

Email : issacar.edition@gmail.com

Site Internet : http://issacaredition.com/

PRÉFACE

Le développement du haut débit, de l'internet mobile et de la convergence des médias permette de concevoir les futures applications du télétravail.

Les " télétravailleurs " sont toutes les personnes qui exécutent, de manière régulière, leur travail, soit en qualité d'indépendant, soit en qualité de salarié, hors des murs de l'entreprise donneuse d'ordre et de la présence physique des personnes chargées de contrôler leur production, et ce, par la réception et/ou l'envoi de données au moyen de l'utilisation de l'outil informatique et des nouvelles technologies de la communication.

En revanche, le souci est que, vaste de nombres de citoyens ne sont pas informer, de comment retrouver des tâches en télétravail.

À travers cet ouvrage sous forme d'annuaire, vous connaîtriez vite qu'est-ce que le télétravail ou travail à distance,

Les avantages et inconvénients, l'environnement, quelques conseils... Etc. Cet ouvrage est destiné véritablement à tout travailleur indépendant espérant de trouver des missions en télétravail.

SOMMAIRE

I. DÉFINITION DE TRAVAILLE À DISTANCE

Le télétravail est une situation dans laquelle les tâches sont accomplies en dehors du bureau classique où un groupe d'employés peut également travailler. Cependant, le télétravail ne fait pas référence à des situations où les employés ramènent parfois du travail à la maison avec eux. Ni le faite que le travail d'un employé implique beaucoup de travail ou de déplacements hors site (comme les ventes).

Télétravailleur, c'est un employé qui travaille loin de son lieu de travail central. Cela peut être tout ou une partie de la semaine, à la maison ou à un autre lieu de travail désigné ou approuvé.

II.   QUELS SONT LES AVANTAGES ET LES INCONVÉNIENTS DU TRAVAIL À DISTANCE ?

Les avantages majeurs et inconvénients du télétravail.

Les avantages :

- Amélioration de la condition physique.

- Une santé optimisée.

- Une hygiène de vie améliorée.

- Une condition physique améliorée.

- Une amélioration mentale.

- Une alimentation améliorée

- Un accroissement de la productivité.

- Une économie de temps.

- Facilité de liberté pour les activités personnelles.

- La diminution des déplacements domicile-travail.

- Amélioration de la motivation.

- Plus de pouvoir sur la vie professionnelle.

- Plus d'heures de repos.

- Plus d'épargne d'argent

- Plus de diligence sur le travail.

- Aucun équipement pour le lieu de travail.

- Vous êtes libre de vivre n'importe où.

- Vous exercez votre travail partout.

- Une autonomie totale.

- La diminution des trajets.

- La liberté personnelle

- La liberté de choisir.

- Salaire stable et constant.

- Autonomie liberté financière.

- Vous décidez avec qui vous souhaitez collaborer.

- Vous optez pour le lieu de travail.

- Vous décidez de la méthodologie de travail.

- Vous aurez une totale autonomie.

- Plus de temps consacré à la famille.

- Plus de déplacements.

- Réduction des coûts de transport.

- Profit financier

- Réalisation de vos aspirations.

- Voyager à travers le monde.

- Un environnement plus agréable.

- Effectuer des pauses plus longues.

- Plus de distractions au bureau.

- Élimination du stress.

- Tranquillité davantage sur le travail.

Les inconvénients :

- Gestion du stress plus complexe.

- Danger d'isolement croissant.

- Ignorance de soi-même.

- Problème de s'autogérer.

- Exclusion sociale.

- Difficulté de distinguer la vie professionnelle de la vie privée.

- Tentation de travailler en dehors des heures de bureau habituelles.

- Disparition de la culture d'entreprise.

- Collaboration compliquée avec les collègues.

- Disparition du lien avec les collègues.

- Manque de Sécurité des informations depuis la maison.

- Prestation difficile en équipe.

- Manque de dialogue efficace avec les prestataires.

- Des problèmes techniques.

- Une responsabilité immense.

- Toutes les charges doivent être acceptées.

- Usage fréquent de l'ordinateur.

- Encombrement de travail.

- Mauvaise gestion de votre temps.

- Réduction de présence physique.

- Réduction des rencontres en face-à-face.

- Réduction des échanges verbaux.

III. QUEL EST L'ENVIRONNEMENT POUR TRAVAILLER À DISTANCE

- Choisir une pièce où il est plaisant de se concentrer.

- Libérez un espace de travail dédié.

- Si vous souhaitez vous déplacer régulièrement, achetez un sac de stockage.

- Il sera nécessaire de connecter l'équipement informatique à un parasurtenseur.

- Avoir un matériel et des logiciels de qualité.

- Avoir un logiciel antivirus de qualité à jour.

- Faites des analyses de manière régulière.

- Installez un pare-feu pour protéger les données essentielles de l'ordinateur.

- Mettez en place une armoire et un bureau sécurisés.

- Installez une bougie ou une photo qui vous inspire près de votre lieu de travail.

- Équipez votre bureau d'un éclairage approprié afin de rester éclairé toute la journée.

- Faites des investissements dans des décors et des meubles plaisants, afin de rendre votre bureau un lieu que vous appréciez.

- Inclure de magnifiques plantes et ajouter de l'art à vos murs.

- Il est important de disposer d'un disque dur pour sauvegarder tous vos fichiers importants, une fois par semaine, en cas de problème.

- Veillez à disposer d'une chaise et d'un bureau confortables qui vous permettront de soutenir votre dos et votre cou.

- Il est essentiel que vos pieds soient posés au sol ou soutenus par un repose-pied.

- Ventilez correctement votre bureau.

- Mettre en valeur de votre bureau.

- Veuillez vérifier que votre accès Internet est fiable, afin de pouvoir effectuer des appels vidéo.

- Choisissez un endroit spacieux afin d'accueillir tous vos équipements.

- Mettre un système de classification des documents essentiels.

- Mettre votre bureau à la bonne hauteur pour assurer un travail confortable.

- Il est essentiel de soutenir votre dos sur un dossier.

- Gardez à jour votre ordinateur et vos applications, car elles seront extrêmement bénéfiques pour vous.

- Gardez à portée de main vos outils et vos fournitures.

- Il est nécessaire de placer les matériaux et l'équipement dans un environnement sec, sécurisé contre les dégâts et les abus.

- Éteindre les appareils lorsqu'ils ne sont pas en service.

- Disposer de la température et de l'éclairage appropriés.

- Il faut que la lumière soit adéquate pour pouvoir lire.

- Le bureau doit être fermé pour profiter d'une véritable solitude.

- Choisir des lampes artificielles qui fournissent un éclairage suffisant.

- Il est important que votre bureau de travail soit correctement ventilé.

- L'éclairage aussi de votre bureau doit parfaitement être pris en compte.

- Optez pour un éclairage naturel en vous positionnant près de la fenêtre.

- Mettez en valeur votre bureau afin de le rendre inspirant.

IV. QUELQUES CONSEILS POUR TRAVAILLER À DISTANCE

CONSEIL SUR L'ORGANISATION

- Préparez votre espace de travail de manière à maintenir votre productivité.

- Si vous avez des enfants ou des animaux de compagnie, cherchez un lieu dans votre domicile pour travailler sans souci.

- Sélectionnez un endroit paisible pour éviter toute perturbation.

- S'il y a des enfants à l'école, profitez du moment de tranquillité pour votre métier.

- Lorsque vos enfants sont plus jeunes, vous pouvez travailler pendant la sieste.

- Créez un emploi du temps clairement établi lorsque vous prévoyez de travailler.

- Gardez une bonne harmonie entre votre emploi du temps et votre moment personnel.

- Assurez-vous de travailler aux mêmes heures, comme si vous étiez au sein de l'entreprise.

- Informez vos proches de votre disposition.

- Choisissez un emploi du temps qui vous convient.

- Veillez à respecter les horaires de travail.

- Faites attention aux horaires disponibles et occupés.

- Utilisez le courrier électronique de manière efficace.

- Offrir un espace pour des réunions, en utilisant une webcam.

- Mise en place d'une liste à accomplir en fin de la journée.

- Il est préférable de prévoir le travail du lendemain la veille afin de songer à commencer la première tâche le matin.

- Mettez en place des objectifs à atteindre.

- Débutez et finir à la même heure tous les jours.

- Examinez votre liste de tâches en début de semaine

  et établissez une planification de vos actions.

- Créez un planning et suivez-le.

- Optimisez votre emploi du temps comme vous le ferez

  au travail.

CONSEILS SUR LE BIEN-ÊTRE

- Pratiquez du sport.

- Travaillez dans les espaces de travail collaboratifs.

- Rencontrez régulièrement des amis.

- Passez du temps dans votre domicile tout en échangeant

  au téléphone.

- Rendez-vous pour prendre votre déjeuner pendant une

  demi-heure.

- Achetez un casque avec des mains libres.

- À l'extérieur de la maison, parcourez les environs avant
  de commencer d'autres tâches.

- Il est primordial de le faire afin d'éviter la fatigue et la
  distraction.

- Un changement de décoration aura un effet sur
  votre productivité.

- Passez du temps en compagnie d'autres individus
  qui pourraient également être présents chez vous.

- Préparez vos repas avant le début de votre journée de travail.

- Programmez une alarme chaque heure pour vous étirer
  par moments.

- Faire en sorte que l'accès aux réseaux sociaux
  devient beaucoup plus rare.

- Mise en mode silencieux votre téléphone privé.

- Lorsque le temps est agréable, faites des appels
  téléphoniques tout en vous promenant à l'extérieur.

- Écoutez de la musique favorable à la productivité.

- Adoptez des vêtements élégants.

- Rendez-vous pour prendre du café.

- Départ de votre lieu de travail et déplacement pendant

quelques minutes une fois ou deux par jour.

CONSEIL PRÉVENTIF

- Veillez à disposer d'un réseau wifi mobile performant en cas de panne.

- Palliez à prendre deux ordinateurs, l'un pour le travail à domicile et l'autre pour un usage privé.

- Veillez à garder un numéro de téléphone distinct.

- Cela vous permet de gérer votre vie.

- Disposez des équipements ou des outils appropriés avant de débuter le télétravail.

CONSEIL ÉCONOMIQUE

- Quand vous ne les utilisez pas, éteindre votre ordinateur et vos autres appareils électroniques.

- Optez pour des lanternes qui consomment moins d'énergie à celle des lampes incandescentes.

- En cas d'absence, éteindre la climatisation ou le chauffage.

- Optez pour des appareils qui consomment moins d'énergie.

- Imprimez uniquement sur du papier lorsque cela

  est indispensable.

- Faites éteindre les lumières lorsque vous sortez de la pièce.

CONSEIL COLLABORATIF

- Maintenir des liens avec les collaborateurs de votre groupe.

- Offrez votre planning à votre équipe.

- Sélectionnez les horaires d'ouverture du bureau et faites-

  les connaître à vos collègues.

- Engager une communication régulière avec vos collègues

  vous permettra de maintenir une connexion et de vous

  sentir intégré à l'entreprise.

- Faire des réunions, rester en contact avec votre équipe

  et travailler ensemble sur des projets.

- Engagez-vous dans des activités sociales sur Internet.

- Participez à un groupe de soutien destiné aux travailleurs

  à distance.

- Gardez une communication ouverte avec votre supérieur

  sur votre avancement et sollicitez de l'assistance

  si nécessaire.

CONSEILS POUR ATTIRER DES CLIENTS

- Soyez à la fois professionnel et attirant.

- Incluez des renseignements concernant vos compétences.

- Commentez votre expérience et vos accomplissements.

- Publiez vos travaux précédents pour permettre aux clients de visualiser votre activité.

- Utilisez des mots-clés appropriés dans votre titre, votre description et vos tags pour faciliter la recherche de votre profil par les clients.

- Veillez à offrir un service client exceptionnel.

- Donnez une réponse diligente aux demandes et aux interrogations.

- Acceptez les critiques.

- Utilisez les retours pour améliorer vos prestations et votre image de marque.

- Assurez-vous de demeurer informé des dernières nouveautés afin de garantir que vos services restent toujours adaptés.

- Utilisez une photo de qualité supérieure.

- Un pseudonyme qui témoigne de votre identité.

- Écrivez une description précise et succincte qui expose vos activités et précisez que vous êtes le meilleur pour les accomplir.

- Soyez souple et flexible.

- Offrir des services de haute qualité.

- Soyez attentif aux exigences de vos clients.

- Faites attention aux délais de livraison.

- Répondez vivement aux demandes des clients.

- Assurez-vous de répondre activement aux messages des prospects.

- Proposez une offre de remboursement en cas de soucis.

- Soyez reconnu par les clients potentiels.

- Pour vous faire connaître, inscrivez-vous sur des plateformes de travail à distance.

- Proposez des coûts réduits ou des offres spéciales afin d'attirer des clients novices.

- Proposez des services additionnels afin d'accroître vos revenus.

- Soyez patient avec la clientèle et positif.

- Partagez des photos de vos projets précédents.

- Proposez des recommandations et des astuces dans votre domaine de compétence.

- Fixez des tarifs concurrentiels.

V.   LES TÂCHES POUVANT ÊTRE FAIT EN TRAVAILLE À DISTANCE

En tant que traducteur, voici une liste des activités les plus demandées par les internautes que vous pouvez réaliser à distance ou en télétravail.

N'hésitez pas à ajouter cette liste dans vos présentations ou dans les prestations que vous offrez.

Cela vous permettra d'attirer plus de clients vers votre profil.

NB : **Utilisez l'orthographe précise des tâches mentionnées ci-dessous, puisqu'il s'agit des mots-clés davantage populaires sur Internet.**

- interprète traducteur

- interprète arabe français

- interprète espagnol français

- interprète juridique

- interprète russe français

- traducteur anglais français

- traduction français anglais

- traduction créole français

- traduction en italien

- traduction norvégien français

- traducteur ia

- traducteur kurde français

- traduction français anglais

- traduction français arabe

- traduction français espagnol

- traduction néerlandais français

- traduction français portugais

- traduction portugais français

- traduction hébreu français

- traduction japonais français

- traduction breton français

- traduction lingala-français

- traduction ia

- traduction jeux

- traduction kreyol

- interprétation de conférence

- interprète pour la police

- interprète dans les hôpitaux

- expert interprète près la cour d'appel

- interprète à l'Onu

- interprète pour malentendants

- traduction des paroles

- traduction des documents

- traduction du texte anglais en français

- traduction pour whatsapp

- traduction par voix

- traduction sur facebook

- traduction d'image

- traduction d'un texte

- traduction des documents en ligne

- traduction sur whatsapp

- traduction d'un pdf

- traduction par camera

- traduction sous titre

- traduction à partir d'une photo

- traduction d'un document

- traduction des articles scientifiques

- traduction d'un fichier pdf

- traduction sous titre youtube

- traduction sous traitant

- traduction sous titre video

- traduction sur youtube

- traduction par ia

- traduction sur tiktok

- traduction à l'oral

- traducteur interprète

- interprète langue des signes

- interprétariat et traduction

- interprète en langue des signes française

- Interprétariat et traduction

- interprète assermente

- Interprète de conférence

- interprète judiciaire

- interprète de conférences

- interprète judiciaire

- interprétariat par téléphone

- interprétariat téléphonique

- interprète juridique

- interprète tribunal

- interprète agréé

- service d'interprétariat

- interprète expert judiciaire

- interprète international

- interprète sourd

- interprète conférence

- traduction néerlandais et français

- traducteur français russe

- traduction portugais brésilien français

- traduction page web

- traduction document

- traduction texte photo

- traduire en hébreu

- traduction audio

- traduire une page web

- traduction vidéo

- traduction scientifique

- traduction en direct

- traduction oral

- traduction mandarin français

- traduction phrase anglais

- traduction portugais créole haïtien

- traduire un document

- traduction cv en anglais

- traduction site web

- traduction juridique

- traduire une vidéo

- traduire un fichier pdf

- traduction website

- traduction des mots

- traduction portugais brésilien

- traduction de document

- traduction voix

- traduction expression anglaise

- traduction professionnelle

- traduction technique

- traducteur de vidéo

- traduction site internet

- cv en anglais traduction

- traduction fichier

- traduction cv

- traduction audio anglais

- traduction de texte en anglais

- traduction médical

- traduction audiovisuelle

- traduction expression française en anglais

- traduction français hébreu

- traduction français arménien

- traduction français flamand

- traduction chinois arabe

- traduction coréen arabe

- traduction français grec phonétique

- traduction français russe phonétique

VI.   LES OUTILS POUR LE TRAVAIL À DISTANCE

Des outils pratiques vont faciliter vos travaux à distance Voici ci-dessous la liste de ces outils et les liens vers les éditeurs.

1 - outils de gestion de projet

Trello

Trello est un programme utilisé pour gérer des projets et des tâches pour tout planifier et tout organiser.

Lien : https://trello.com/

Asana

Asana dispose d'un moteur de recherche qui peut utiliser les mots-clés qu'il contient pour vous aider à trouver des parties spécifiques du projet. Vous pouvez définir la date de début et la date à terminer pour chaque tâche. Des notifications et des e-mails sont envoyés aux participants afin qu'ils puissent admettre l'état d'avancement du projet en temps réel.

Lien : https://asana.com/fr

TeamViewer

TeamViewer vous permet de contrôler le bureau à distance pour fournir de l'aide ou présenter votre écran sans souci. Cet outil distant est extrêmement facile à utiliser et vous pouvez observer à tout moment une vue interactive de l'ordinateur exécutant TeamViewer.

Lien : https://www.teamviewer.com/fr/

Remote PC

PC Remote connecte plusieurs ordinateurs afin d'obtenir le contrôle à distance de celle-ci, c'est-à-dire qu'il peut y avoir plusieurs ordinateurs puissants capables de gérer ces ordinateurs à distance.

Lien : https://www.remotepc.com/

3 - les outils de transfert de fichier

Google Drive

Avec Google Drive, vous pouvez copier des fichiers et accéder à des appareils depuis n'importe. Invitez facilement d'autres personnes à afficher, modifier ou commenter vos fichiers ou dossiers.

Lien : https://www.google.com/intl/fr/drive/

Dropbox

Dropbox est un outil de stockage et de partage de fichiers qui synchronise de manière transparente des fichiers stockés sur plusieurs ordinateurs.

Lien : https://www.dropbox.com/

Zoom

Zoom est un outil qui permet d'organiser des vidéoconférences par l'intermédiaire de l'ordinateur, le smartphone ou la tablette. Il permet de partager des écrans avec plusieurs personnes.

Lien : https://zoom.us/

Jitsi Meet

Jitsi Meet est un outil gratuit de réunion sécurisé facile à utiliser qui ne nécessite pas d'enregistrement.

Lien : https://meet.jit.si/

VII. COMMENT TROUVER DU TRAVAIL À DISTANCE

Pour postuler au travail à distance, vous pouvez choisir de vous inscrire sur de nombreux sites de télétravail. Ces sites web offrent des milliers d'opportunités de carrière aux traducteurs indépendants du monde entier. Ils peuvent choisir de réaliser de réels bénéfices grâce à ces sites de télétravail.

Ces opportunités comprennent :

• L'assurance sécurité, la résolution des incidents, l'assurance et la protection des paiements

• Économie de temps de fonctionnement

 Chaque plateforme de télétravail possède ses propres fonctions opérationnelles. Le principe est de lier les traducteurs indépendants à des entreprises.

Habituellement, ces sites facturent une commission comprise entre 0 % et 20 % des frais à vos clients. Ils agissent comme votre intermédiaire, ce qui est fiable pour vous, car cela évite les créances irrécouvrables et la fraude.

Les traducteurs indépendants consulteront les clients et effectueront par la suite les travaux nécessaires.

Les traducteurs a la possibilité de poser des questions aux clients pour des informations plus détaillées.

Les clients consultent les services des traducteurs indépendants et demandent des services équivalents à leur recherche.

Les clients peuvent choisir de demander à des traducteurs indépendants des informations plus détaillées sur les services qu'elles offrent.

Pour gagner du temps, j'ai classé 43 sites Web qui télétravaille partout dans le monde. Certains sites Web utilisent le français, tandis que d'autres utilisent l'anglais. Ils sont expliqués par type et méthode.

VIII. LISTE DES SITES OFFRANT DU TRAVAIL À DISTANCE POUR LES TRADUCTEURS

A - Les sites dont c'est l'entreprise ou le client qui choisit son traducteur

1. Eurotext

Eurotext est un site de traducteur mondiaux pour tous types de traduction. Il est en multilingue le pays d'origine est l'Allemagne. Ils sont toujours à la recherche de partenaire traducteur indépendant. L'inscription est possible à travers le lien ci-dessous

https://eurotext.jobs/

Lionbridge est une plateforme de traduction mondial. Le site est multilingue, il est basé aux USA au Massachusetts. Ils destiné aux traducteurs et clients internationaux. Le paiement se fait par virement. Les tarifs sont de 15 à 40 euros de l'heure.

https://www.lionbridge.com/fr/

3. Onehourtranslation

Onehourtranslation est une plateforme de traduction composés de plusieurs traducteurs du monde disponible.

Tous les clients internationaux sont ceux de la plateforme.

Vous êtes payez directement par le site après validation de votre candidature.

https://fr.onehourtranslation.com/

4. Clickworker

Clickworker est une plateforme fournissant des traducteurs mondiaux à la demande des entreprises.

Elle est basée en Allemagne. Vous travaillez avec la clientèle du site et payé directement par Paypal.

https://www.clickworker.com/

5. Appen

Appen emploi de façon flexible des traducteurs du monde entier,

un travail qui peut être effectué de n'importe où dans le monde.

Vous êtes payé de 15 à 45 euros de l'heure.

https://appen.com/careers/

protranslate☺   SERVICES ˅   PRESSE ET MÉDIA   CONTACTEZ-NOUS

Demande d'emploi de Traducteur

Remplissez Le Formulaire De Demande d'Emploi de Traducteur En Un Clic!

POSTULER MAINTENANT!

La plateforme de traduction professionnelle pour les particuliers et les sociétés sélectionne les traducteurs excellents afin d'achever les missions de leurs clients.

Vous êtes payé directement par Protranslate. Il est destiné aux traducteurs et clients mondiaux. Le site est multilingue.

https://www.protranslate.net/fr/

7. Rws

Rws est une entreprise de traduction mondiale composés de plus de 1000 traducteurs. Ils fournissent des solutions qui aident les marques du monde entier à se comprendre. Il est destiné aux traducteurs du monde entier. Pour postuler, vous pouvez cliquer sur le lien en dessous :

https://www.rws.com/fr/

8. Proz

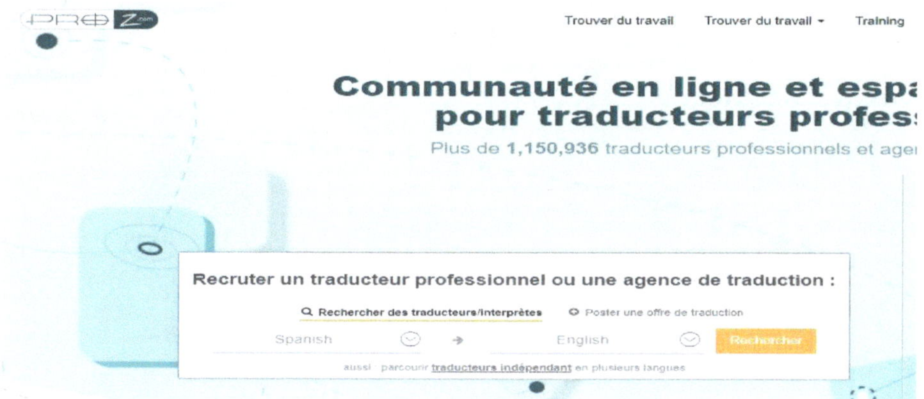

Proz est une communauté de traducteurs.

Vous pouvez vous inscrire pour présenter vos prestations, vous

aurez accès à des milliers offres de missions en traduction.

https://www.proz.com/

9. Malt

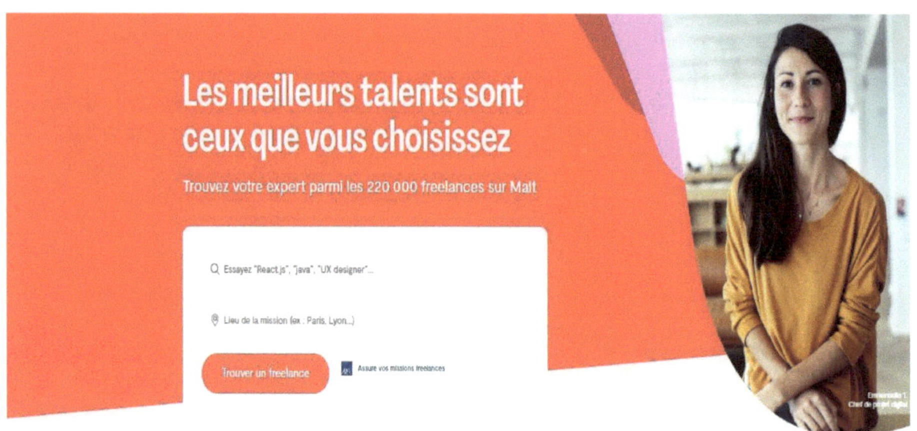

Malt est un site de travail à distance ouvert uniquement au traducteur français et Européen. Il est possible de travailler dans plusieurs langues. La commission prise sur vos factures clientes est comprise de 5 % à 10 %. Vous êtes réénuméré par carte bancaire ou virement bancaire.

https://www.malt.fr/

10. Upwork

Upwork est un site de télétravail en anglais de pays d'origine les USA. Ils travaillent d'avec les traducteurs et des clients du monde entier.

Vous êtes rémunéré via PayPal ou par virement bancaire.

Les commission prises sur chacune de vos factures clientes dépendront de votre chiffre d'affaires. Pour une facture de 500 $, vous rémunérez 20 % de commission. Pour une facture compris entre 500,01 $ à 10 000 $, vous payez 10 % de commission et pour une facture qui dépassent 10 000 $, vous payez 5 % de commission.

https://www.upwork.com/

11. Comeup

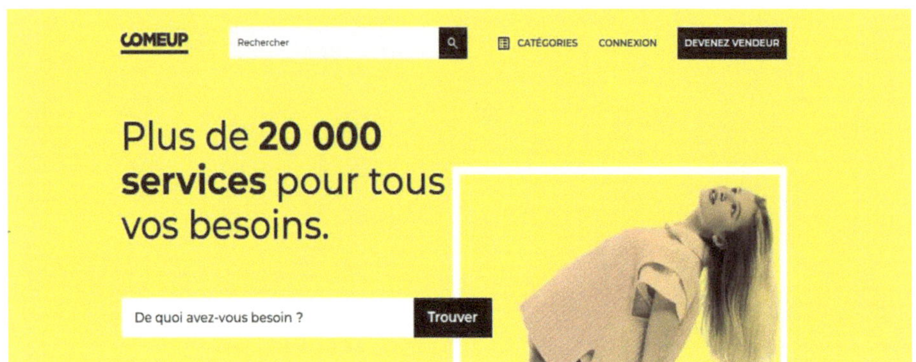

Comeup est un site de travail à distance qui met en relation les traducteurs français et Européens avec des clients mondiaux. Une commission de 20 % est prise sur chacune de vos factures cliente lorsque vous êtes inscrit gratuitement. Lorsque vous utilisez une formule d'abonnement, la commission est réduite à 1 % sur chacune de vos factures. Vous êtes payé par virement.

https://comeup.com/fr/

12. Twago

Twago est un site web multilingue de pays d'origine l'Allemagne destiné aux traducteurs du monde entier. Le client examine plusieurs devis de traducteurs divers et choisi le devis qui correspond à son budget. Le traducteur bénéficie de l'inscription gratuite. Cela lui permet de proposer deux devis par mois aux clients. 10 % de commission seront prise la facture de vos clients. Le paiement du traducteur est par le système de paiement SAFEPAY.

https://www.twago.fr/

13. Fiverr

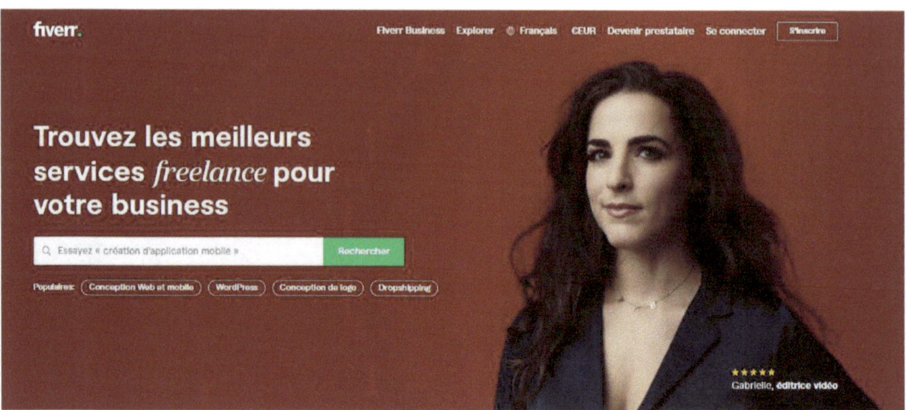

Fiverr est une plateforme américaine qui met les traducteurs en relation avec des entreprises. L'inscription est gratuite. Les traducteurs enregistrés viennent du monde entier. Le paiement est remis aux traducteurs que lorsque le client est satisfait via paypal, Skrill, ou bitcoin. La commission prise sur vos factures clientes est de 20 %.

https://fr.fiverr.com/

14. Guru

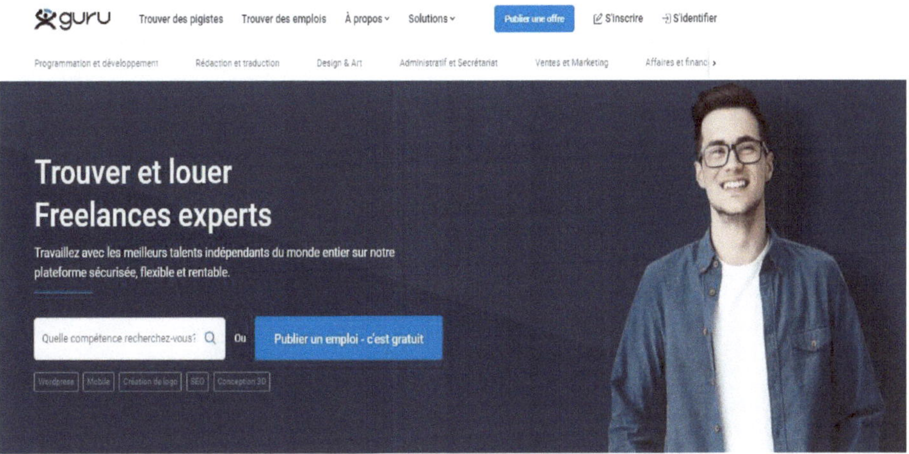

Guru est un site de travail à distance destiné aux traducteurs mondiaux. Le client choisi le meilleur devis proposer par plusieurs traducteurs. Guru offre la protection de paiement qui se fait par Safepay, paypal, virement bancaire et retrait de fonds de votre compte espèces sur Guru. La commission prise sur vos factures clientes est de 9 % pour une inscription gratuite.

https://www.guru.com/

15. Peopleperhour

PeoplePerHour est une plateforme de télétravail en anglais de pays d'origine la Grande Bretagne. Il est destiné aux traducteurs et clients mondiaux. Avec l'inscription gratuite, vous pouvez envoyer 15 devis par mois. La commission prise sur vos factures clientes est de 10 %. Le paiement se fait par paypal, ou virement bancaire.

https://www.peopleperhour.com/

16. Truelancer

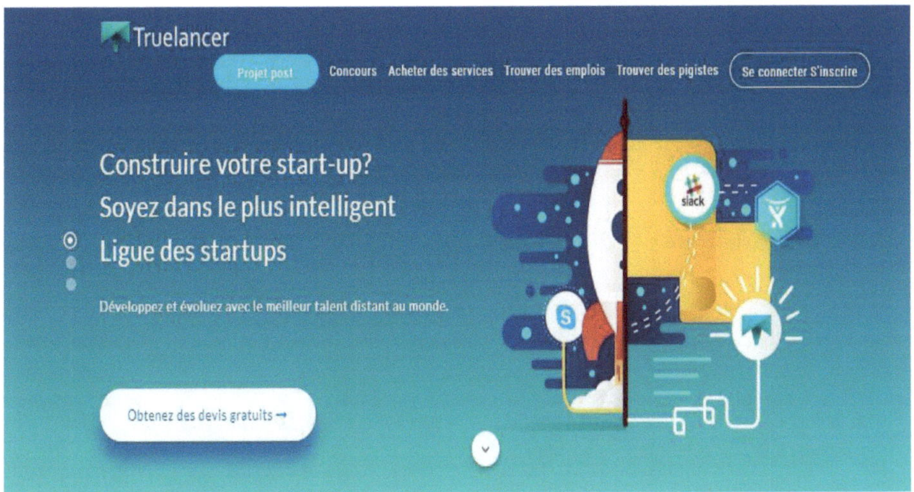

Truelancer est site de télétravail permettant aux traducteurs et aux clients de collaborer par le monde entier. Vous serez rénuméré via Skrill, PayPal, carte de crédit, et virement bancaire. Vous pourriez envoyer que 20 offres par mois au travers de l'inscription gratuite. La commission prise sur chaque facture de vos clients est de 8 % à 10 %.

https://www.truelancer.com/

17. Freelancer

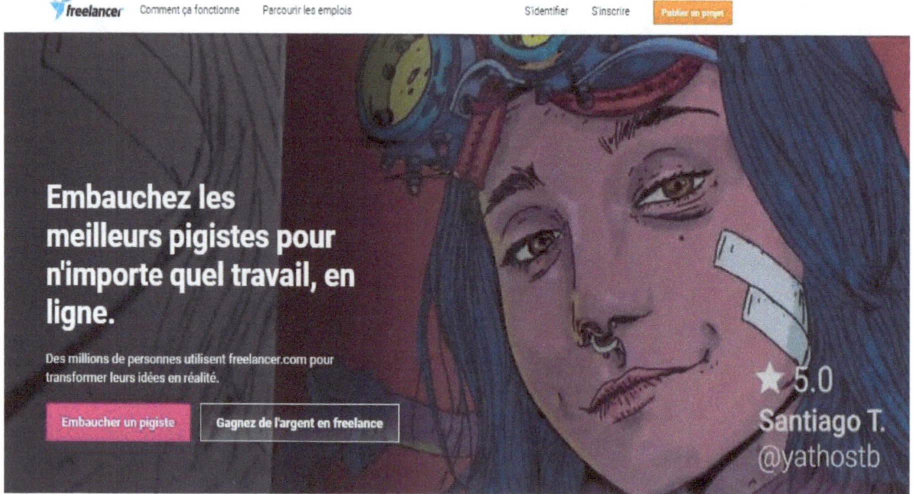

Freelancer est un site de télétravail australien mettant en contact les traducteurs avec les clients du monde entier. Il est multilingue. Le paiement se fait via Paypal, skrill, carte de crédit et virement bancaire. La commission prise sur votre facture est de 10 % à 15 %.

https://www.fr.freelancer.com/

18. ServiceScape

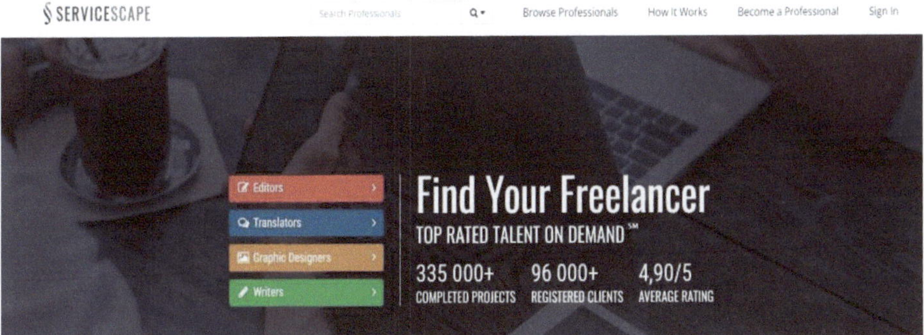

ServiceScape est une plateforme de marché mondial pour la prestation de services. Elle siège au Massachusetts.

Elle aide les indépendants à trouver des missions auprès de leurs clients. Les pigistes attendent simplement les offres d'emploi des clients. Par conséquent, avoir un profil convaincant est crucial.

Pour être éligibles au paiement, le professionnel doit valider son statut fiscal. Le mode de paiement est mensuel via PayPal, chèque et Gusto. Le site facture une commission de 50 % sur chaque travail terminé.

https://www.servicescape.com/

19. Toogit

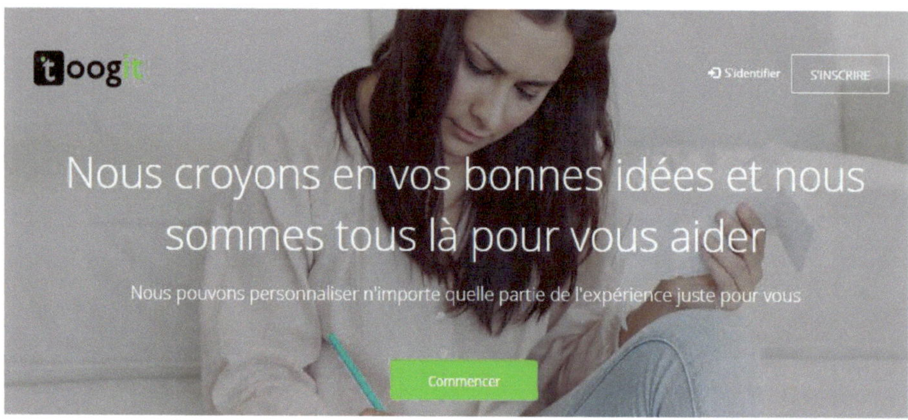

Toogit est un marché de télétravail. Les propriétaires de projets et les traducteurs, travailler collectivement dans le monde entier. 8 % de commission est prise sur vos factures clientes. Vous êtes rénuméré par PayPal ou par carte bancaire.

https://www.toogit.com/

20. Seoclerks

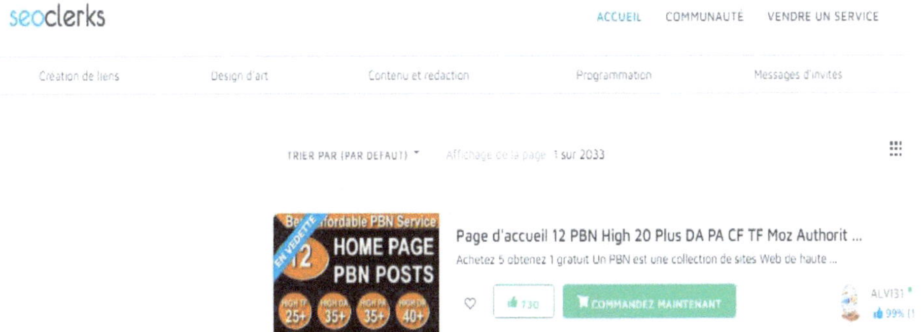

Seoclerks est site de travail à distance qui fournit les services aux entreprises et aux traducteurs du monde.

La commission prise sur vos factures clientes est de 15 %.

Le mode de paiement de vos prestations est par PayPal, ou Carte Bancaire.

https://www.seoclerks.com/

21. WordClerks

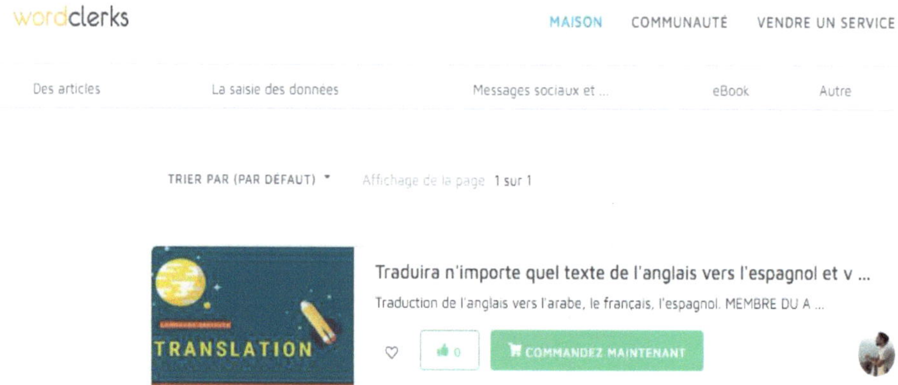

WordClerks est un marché de télétravail indépendant pour les traducteurs mondiaux. Le site est en anglais le pays d'origine est les USA plus précisément en Caroline du Nord. Le moyen de paiement est par PayPal ou par carte bancaire. La commission prise est de 15 %.

https ://wordclerks.com/marketplace

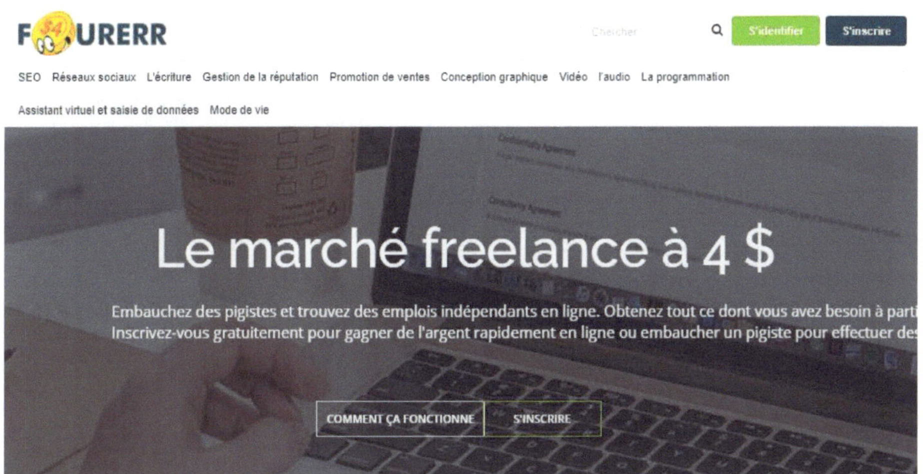

Fourerr est un marché de télétravail basé au Royaume-Uni qui relie les traducteurs et les clients internationaux. Il est en anglais. La commission prise est de 20 % sur la commande validé votre client. Vous serez payé par le Paypal.

https://fourerr.com/section/writing-translation/

23. Kang

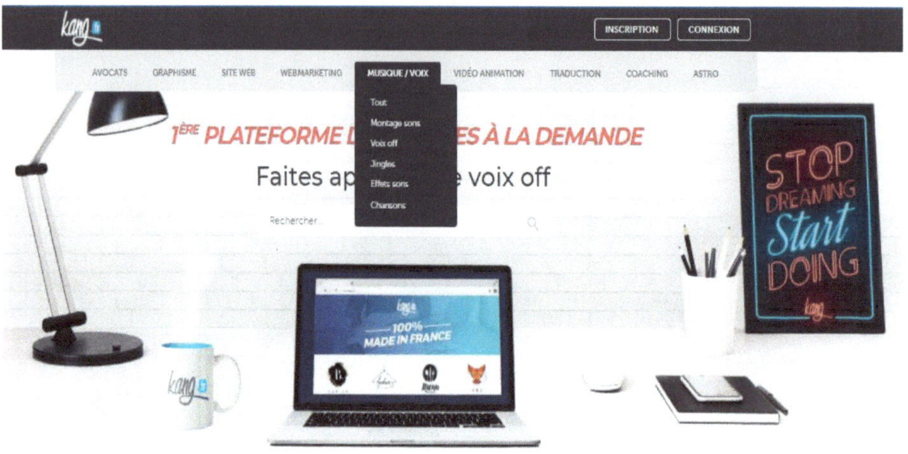

Kang est un site Web français qui propose des services de traduction aux indépendants résidant en France. Les clients sont européens. La commission facturée est de 25 % à 45 % de la commande du client. Une fois le client satisfait, vous serez payé par carte de crédit, PayPal, PaySafecard et Cashlib.

https://www.kang.fr/

24. Pacayo

Pacayo vend vos prestations de traduction, puis par la suite, vous serez contacté par des clients. Pacayo est un site de télétravail destiné aux traducteurs mondiaux et clients internationaux. Le paiement se fait par PayPal. La commission prise sur chaque facture de vos clients est de 20 %.

https://www.pacayo.com

B - les sites dont c'est le traducteur qui sélectionne son client

25. Flexjobs

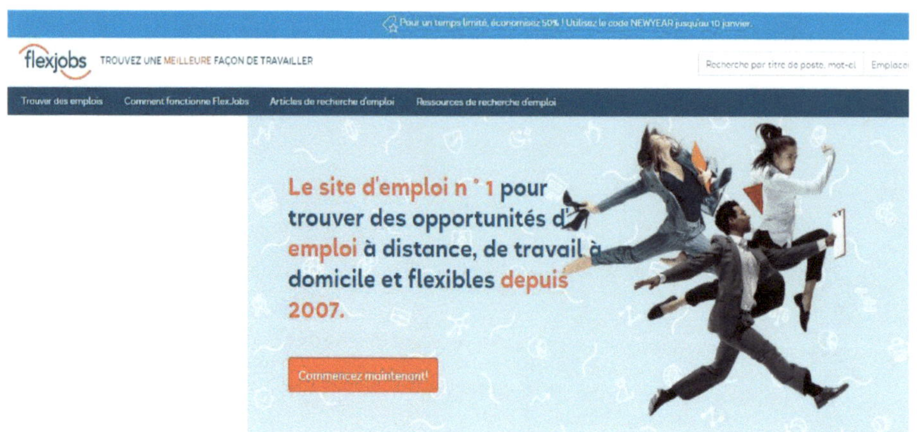

FlexJobs est un site de travail à distance Américains destiné aux traducteurs indépendants du monde entier. Le coût de la mise en relation pour une semaine est de 6,95 $. Le coût de la mise en relation pour un mois est de 14,95 $. Le coût de la mise en relation pour 3 mois est de 29,95 $ et le coût de la mise en relation pour un an est de 49,95 $. Vous communiquez directement avec les clients. Si vous n'êtes pas satisfait du contact reçu, vous obtiendrez une garantie satisfaisante ou un remboursement. Vous pouvez utiliser Visa, MasterCard, American Express ou Paypal prépayé pour payer l'abonnement.

https://www.flexjobs.com/

26. Freelance

Freelance.com est une compagnie française de télétravail.

Elle relie les clients aux freelances.

L'inscription est gratuite, les entreprises intéressées après la création de votre profil entreront en contact avec vous et vous pourrez établir un devis, son suivi sera fourni par Freelance.com.

Le site facture une commission de 12,5 %, payée par le client.

Après la tâche, sur 24 heures, votre prestation sera payée.

https://www.freelance.com/

C - les sites ci-dessous paye les traducteurs par le nombre de mots

27. Textbroker

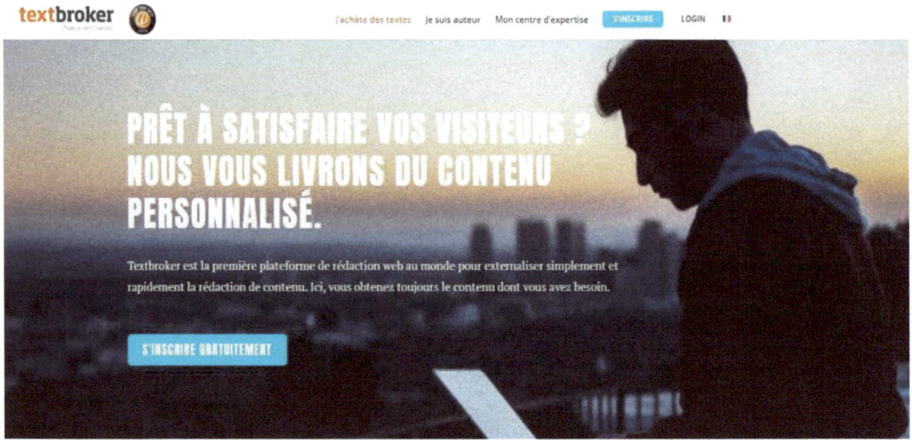

Textbroker est un site de télétravail pour les traducteurs mondiaux. Les clients sont internationaux. Son pays d'origine est l'Amérique le Nevada. Pour 1500 mots vous êtes payé 10,50 euros. Le paiement se fait par virement.

https://www.textbroker.fr/service-de-traduction

28. Textmaster

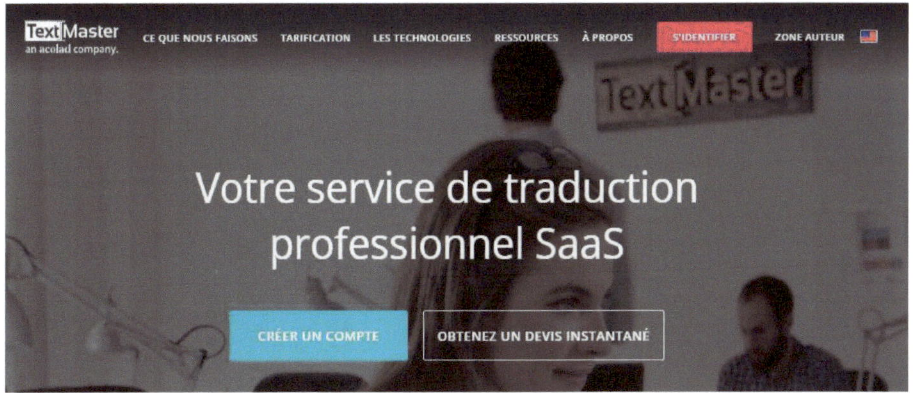

Textmaster est un site de travail à distance dédié à la traduction.

Le paiement se fait par paypal. Le site est multilingue. Vous êtes

payé au nombre de mots.

https://fr.textmaster.com/

TranscribeMe est un service de traduction, avec des milliers de traducteurs gratuits partout dans le monde traduisant dans n'importe quelle langue.

Votre revenu varie de 15 $ à 22 $ par heure audio et votre revenu mensuel dépasse 2200 $. Vous paierez via Paypal. Les experts professionnels en traduction médicale et juridique perçoivent des salaires plus élevés.

https://www.transcribeme.com/

30. Virtualvocations

Virtualvocations est un site web américain spécialisé dans le travail à distance. Vous résoudrez des tâches de traducteur partout dans le monde. Le site est ouvert aux traducteurs du monde entier. L'inscription est gratuite, vous pouvez ainsi profiter de réductions de mission limitées. Après vous être abonné, vous auriez de nombreuses autres tâches. 15 $ pour 1 mois 39 $ pour 3 mois et 59 $ pour 6 mois. Vous communiquez directement avec les clients. Si vous êtes insatisfait du contact reçu, vous obtiendrez une garantie satisfaisante ou un remboursement. Vous pouvez payer les frais d'abonnement par carte ou PayPal.

https://www.virtualvocations.com/

31. Zeerk

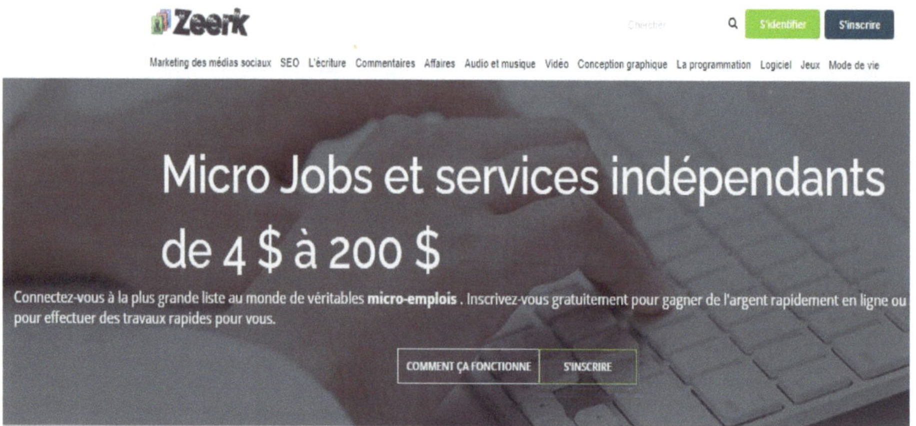

Zeerk est un site de télétravail. Il est destiné aux traducteurs et clients du monde entier. Ils favorisent la mise en relation entre traducteurs et entreprises. Les méthodes de paiement sont PayPal. La commission de leur prestation est de 10 %. Ils facturent une commission de 10 % sur vos prestations sans attente et vous êtes payé le jour de votre prestation.

https://zeerk.com/

32. Khdemti

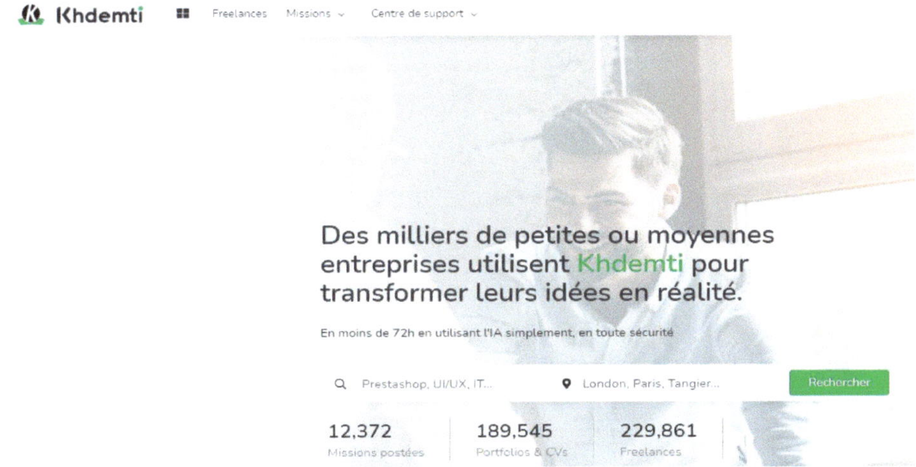

Khdemti est un site français de télétravail mettant en contact traducteurs et entreprises du monde entier. Khdemti retient aucuns frais de commission sur chacun de vos projets terminés. En revanche ils servent d'arbitrage en cas de problème. Le site est disponible en anglais également.

https://www.khdemti.com/

33. Witmart

Witmart est un site de télétravail qui fournit aux traducteurs et aux clients du monde une bonne mise en relation. Son pays d'origine est l'Amérique au Texas, la langue du site demeure l'anglais. L'inscription est gratuite et la commission prise est de 20 %.

http://www.witmart.com/

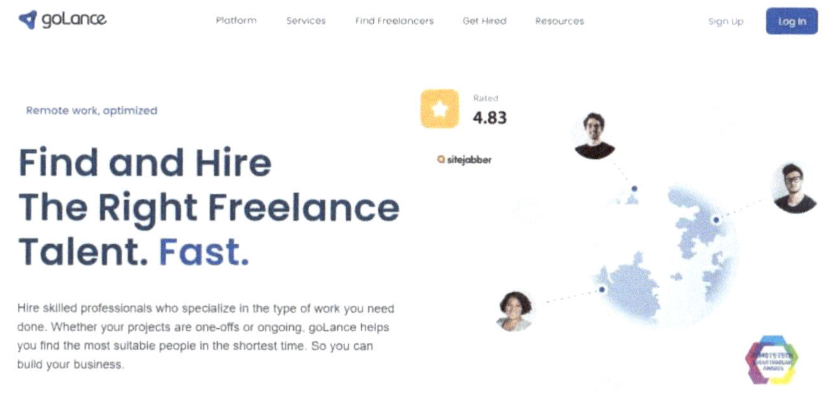

Golance est une plateforme internationale honnête qui gère équitablement les expériences des clients et des indépendants.

Vous pouvez postuler pour autant de postes que vous le souhaitez et vous inscrire gratuitement.

Golance facturera une commission de 7,95 % sur les ventes de vos services. Le site paye au bout de 5 jours le pigiste après la validation du client. Selon les paiements suivants : cartes de crédit, cartes prépayées virements bancaires et crypto-monnaie

https://www.golance.com/

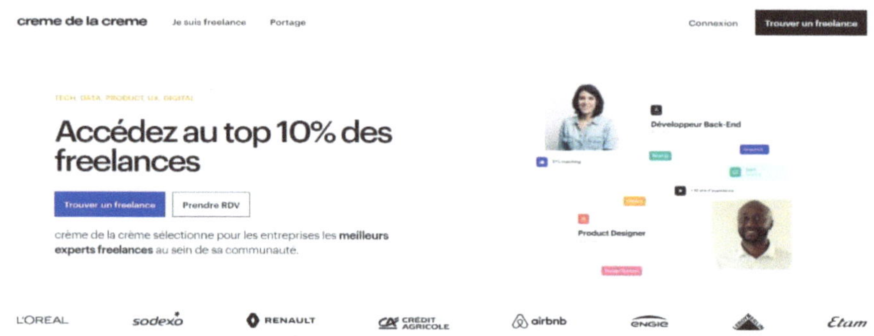

Cremedelacreme est une plateforme complète française.

Il s'adresse aux meilleurs freelances du secteur numérique en France et en Europe. Vous pouvez vous inscrire gratuitement si vous vérifiez ces 2 critères : 3 ans d'expérience en freelance

Et être immatriculé fiscalement. Une fois l'inscription terminée, vous devez attendre que l'équipe vérifie avant d'accéder aux tâches sur la plateforme.

Après vérification de votre inscription, vous pourrez enfin recevoir des tâches correspondant à votre profil.

La plateforme facture une commission de 18 % sur chaque tâche effectuée. Chaque pigiste qui effectue une tâche est payé dans les 48 heures. Paiement par virement bancaire 3 jours après la mission

https://www.cremedelacreme.io/

36. Befreelancr

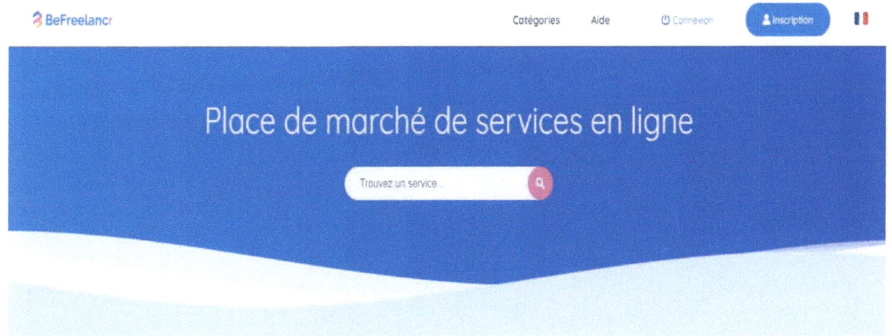

BeFreelancer est une plateforme destinée aux travailleurs freelances en France. Vous pouvez publier vos services en vous inscrivant gratuitement. Le site prend une commission de soixante pour cent sur chaque vente. Vous pouvez être payé via PayPal ou virement bancaire.

Il est possible d'être payé à tout moment.

https://befreelancr.com/fr

37. Talent hubstaff

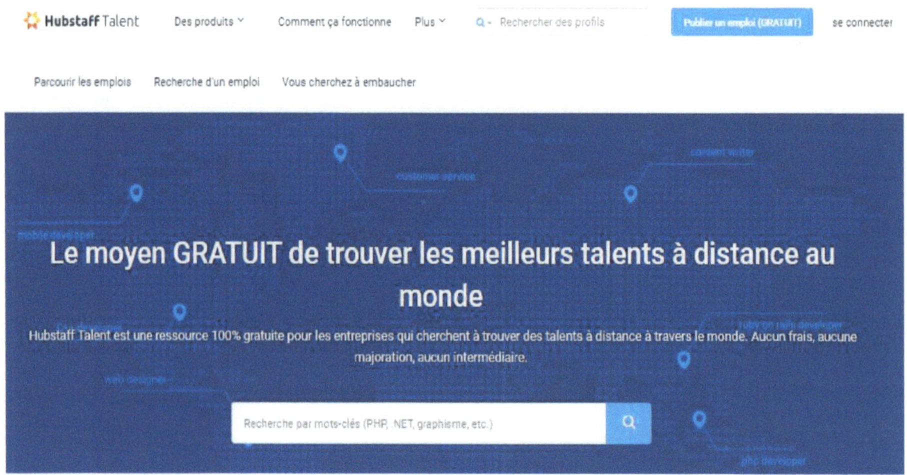

Talent hubstaff regroupe les traducteurs du monde entier. Vos clients vous viennent de partout le monde. Vous pourriez rapidement créer une équipe de traducteurs à distance sans aucuns frais ni majoration.

https://talent.hubstaff.com/

38. Humaniance

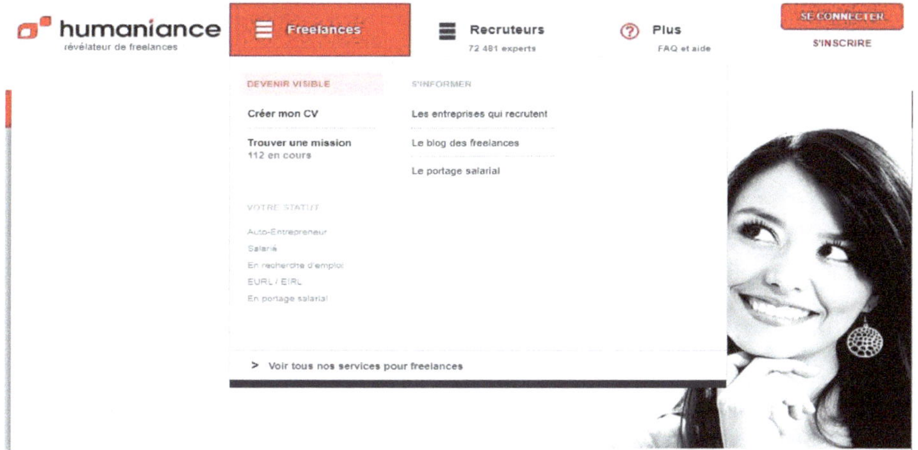

Humaniance propose des offres de missions pour les traducteurs. L'inscription est gratuite. Il aide à développer votre activité.

http://www.humaniance.com/

39. Les bons freelances

Les bons freelances permettent d'accroître votre visibilité et de trouver des clients. Vous obtenez immédiatement des demandes de nouveaux clients. L'inscription est gratuite et il n'y a aucune commission.

https://www.lesbonsfreelances.com/

40. Codeur

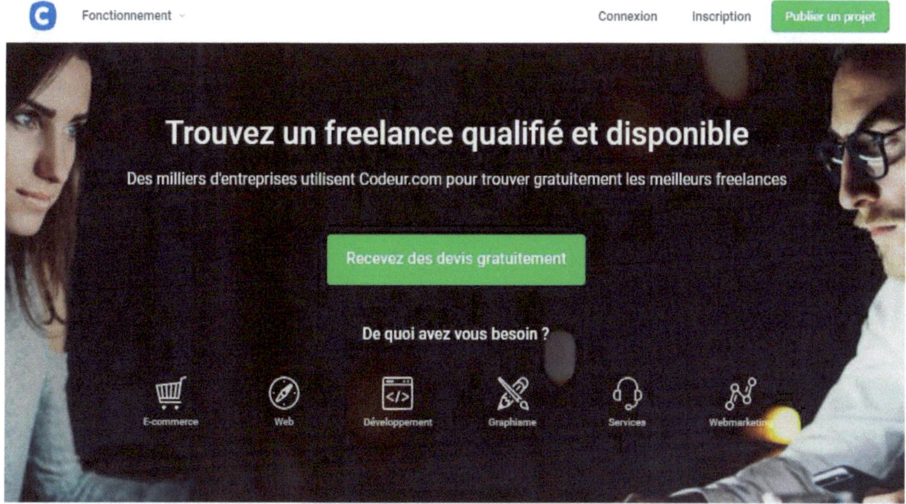

Codeur vous permet de trouver des missions pour les traducteurs en freelances. De nombreuses entreprises font appel aux traducteurs.

https://www.codeur.com/

41. 404works

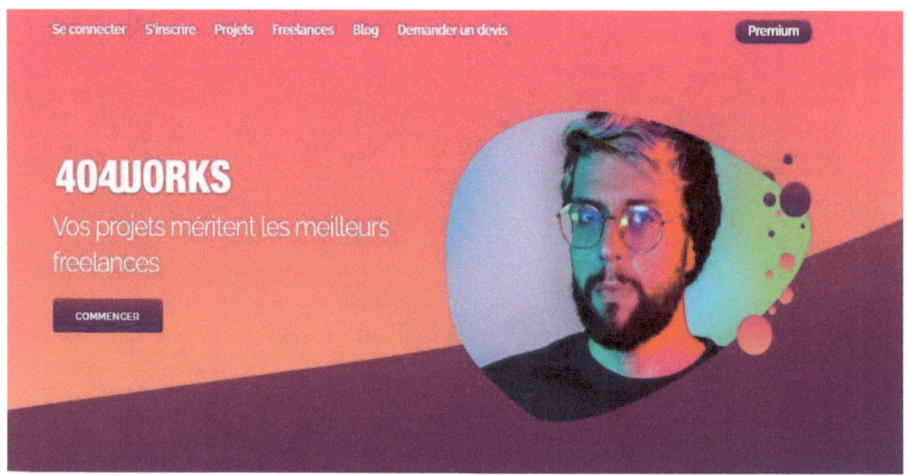

404Works met en relation traducteurs et clients, l'inscription est gratuite et vous permet d'envoyer des propositions aux clients sur tous les projets en illimité.

https://www.404works.com/fr

42.Redacteur

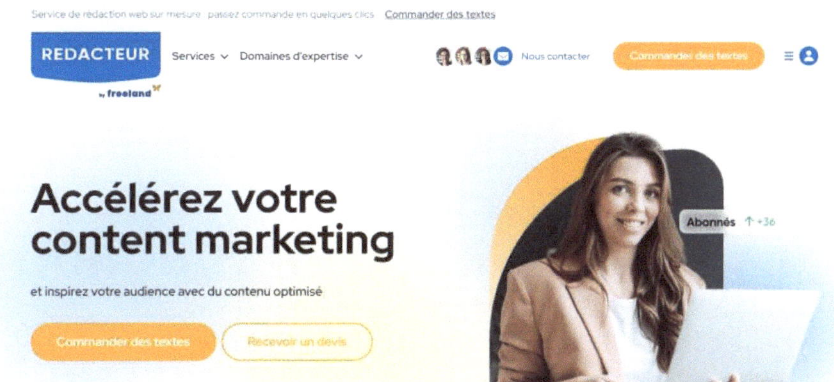

Redacteur.com est une plateforme en France consacrée à la rédaction. Il connecte des indépendants à des entreprises. Ensuite, les entreprises choisissent les prestataires de services à qui confié les tâches. Le processus d'inscription est gratuit. Les freelances doivent cependant attendre que leurs profils soient vérifiés, avant d'accepter les offres d'emploi.

Redacteur.com prend une commission de 30% sur chaque commande effectuée sur son site web.

Après la confirmation du travail par l'entreprise, le paiement est effectué. À partir de 30 EUR de prestation, vous êtes payé par virement bancaire, PayPal, carte de crédit Visa ou MasterCard sous sept à trois semaines après la demande.

https://www.redacteur.com/

43. Creads

Creads permet aux traducteurs de proposer leurs prestations à l'ensemble du site. Pour les traducteurs, c'est une aubaine cela leur permet de collaborer sur des projets.

https://www.creads.fr/

CONCLUSION

Le télétravail multipliera votre chiffre d'affaires. Par la suite, vous gagnerez sur les frais de logement et les frais actuels. Cela vous aidera pour avoir des clients mondiaux et un bon fonctionnement pourra vous faire avoir du succès.

Tous ces sites, évoqués dans cet œuvre et toutes les explications détaillées, vous permettront de vous fixer sur votre compétence.

A Propos de l'auteur

Je suis Ali Diak spécialiser dans le webmastering, le développement web, la conception web, le Conseille web, le développement de site Webdev, Prestashop et Wordpress.

Je suis indépendant depuis plus de 12 ans et je sers les entreprises, les particuliers pour toutes les activités basées sur Internet.

L'objectif de mon métier est d'aider tous les professionnels à résoudre leurs problématiques professionnelles dans le domaine du web et services dans toutes les régions du monde.

Ce livre est un guide qui aidera les professionnels à se focaliser sur leurs activités sans perdre de temps à rechercher des informations.

Demande Avis

Si vous avez trouvé de l'intérêt à ce guide, soyez sympa faites-le savoir sur le site d'achat en me donnant votre ressenti.

Email : issacar.edition@gmail.com

Merci d'avance !

Biographie Auteur

Ali Diak est diplômé en informatique.

Ali Diak se consacre à l'informatique et aux mathématiques

depuis l'âge de 6 ans.

Elle a enseigné les mathématiques aux enfants, adolescents

et adultes de tous âges.

Depuis plus de 13 ans, elle offre aux entreprises

et aux particuliers tous les services liés à Internet.

Elle est directrice d'une entreprise numérique.

Ces diverses expériences professionnelles ont facilité

la détection de plusieurs problématiques courantes

dans le domaine du web au quotidien qu'elle réalise

grâce à ces efforts.

De plus, elle aime depuis longtemps l'écriture, alors

elle a publié son premier livre, "Qu'est-ce qu'un blog?"

en 2018.

Depuis, elle saisit les opportunités de sortir des livres afin

d'aider les lecteurs et les personnes qui utilisent Internet.

Tous les sites web facilitent une navigation simple

et sécurisée sur Internet.

Ali Diak a employé la même méthode pour évaluer l'authenticité

de chaque site répertorié dans ces livres comme guide

ou annuaire et évaluera fréquemment l'état de ces sites.

Très impliquée dans l'industrie de l'édition du livre,

elle est propriétaire du site Internet « issacaredtion.com »

qui regroupe tous ces livres.

Plusieurs livres sont actuellement disponibles à l'achat

sur cette plateforme. Bénéficiez de ces conseils

et expériences pour avancer dans le monde d'Internet.

Livres de l'auteur

Les autres écrits d'Ali Diak suivant suscitent l'intérêt d'un vaste lectorat. Vous trouverez ces éléments sur la même ressource en ligne que celle utilisée lors de votre achat.

- Annuaire télétravail pour Ecrivains indépendants 41 sites indispensables

- Annuaire télétravail pour Traducteur indépendant 43 sites indispensables

- Annuaire télétravail pour Comptables indépendants 34 sites indispensables

- Annuaire télétravail pour Secrétaires indépendants 35 sites indispensables

- Annuaire télétravail pour Transcripteurs indépendant 39 sites indispensables

- Annuaire télétravail pour Informaticiens indépendants 45 sites indispensables

- Annuaire télétravail pour Développeurs WinDev Webdev indépendants 40 sites

- Annuaire télétravail pour Programmeurs développeurs indépendants 44 sites indispensables

- Annuaire télétravail pour Graphistes Infographe indépendants 49 sites indispensables

- Annuaire télétravail pour Testeurs en informatique indépendants 41 sites indispensables

- Annuaire télétravail pour Photographe indépendants 37 sites indispensables

- Annuaire télétravail pour Musiciens indépendants 32 sites indispensables

- Annuaire télétravail pour Vidéastes indépendants 43 sites indispensables

- Qu'est-ce qu'un blog